LE PARACHUTISME

LE DÉFI

DE LA CHUTE LIBRE

LE PARACHUTISME

LE DÉFI

DE LA CHUTE LIBRE

Normande Mercier — auteure

MENTIONS LÉGALES

Le parachutisme — Le défi de la chute libre

Autoédition
Montage : page couverture : Ethan Pingault
Réviseure : Éliane Cayer
Mise en pages : Normande Mercier

Photographie de couverture :
/Mauricio Graiki/Shutterstock.com

ISBN 978-2-9819579-1-7 PAPIER
ISBN 978-2-9819579-2-4 ePUB

Dépôt légal
Bibliothèque et Archives nationales du Québec, 2023
Bibliothèque et Archives Canada, 2023

Imprimé au Canada

Le parachutisme ?

D’où vient cette idée bizarre ?

Son origine ?

Mais pourquoi ?

Table des matières

PRÉFACE

Dans votre esprit, j'imagine que les mots du titre « Le parachutisme, le défi de la chute libre » éveillent en vous de nombreuses émotions, de fortes sensations et de la curiosité. Soyez rassuré, aucun effort n'est requis pour poursuivre votre lecture. Laissez-vous simplement emporter par le sujet.

Vous êtes confortablement installé dans votre fauteuil préféré. Alors que vous lisez ce premier paragraphe et que vos yeux parcourent ces lignes, une question vous vient à l'esprit : qui est cette personne qui nous parle du **parachutisme** ?

Jeune, je rêvais de voler un jour dans le ciel. Mais qu'est-ce qui m'animait ? Les oiseaux et les avions ne cessaient de me fasciner et de m'intriguer par la beauté de leur vol. Il faut le dire, mon père adorait les machines volantes. Il a réussi à me transmettre une part de cette magnifique passion.

À l'âge de cinquante-deux ans, j'ai enfin réalisé mon désir d'enfance : j'ai fait l'expérience d'un saut en parachute en tandem. C'est ainsi que ma nouvelle passion est née, le parachutisme.

Je vous invite à voyager avec moi à travers les époques, où des passionnés intrépides, les pionniers du ciel, ont vécu. Nous serons transportés par enchantement dans la grande évolution des parachutes, des avions d'aujourd'hui, et dans l'univers fascinant du parachutisme. Nous aborderons également le cerveau et ses hormones du plaisir afin de mieux comprendre l'adrénaline et tout ce qui s'y rattache. Que puis-je ajouter de plus ? Permettez-moi de vous amener encore et toujours plus loin, en toute sécurité.

INTRODUCTION

En lisant le mot « parachutisme », certaines pensées et émotions peuvent surgir en vous. Peut-être pensez-vous : « Oh non, ce n'est pas pour moi ! Le vertige m'envahit, je me sens incapable de franchir la porte ouverte d'un avion en haute altitude. » L'idée d'une chute libre dans le vide et la crainte que le parachute ne se déploie pas peuvent susciter la peur, l'angoisse à de nombreux individus. Ne vous en préoccupez pas, c'est tout à fait normal. L'inconnu peut provoquer toute une gamme de sensations chez l'être humain. D'un autre côté, ce mot représente peut-être votre prochain défi…

Êtes-vous curieux de connaître son origine ? Qui sont les pionniers audacieux à l'origine de cette idée folle ? Comment se manifeste cette obsession chez les hommes qui aspirent à voler comme les oiseaux ? Pour quelles raisons certains individus choisissent-ils de se jeter dans le vide depuis un avion en mouvement ? Que recherchent-ils ? Sans aucun doute, si vous n'êtes pas adepte de ce sport, de nombreuses interrogations vous viennent en tête. Allons-y ! Découvrons ensemble les réponses.

PARTIE 1

LE PARACHUTISME

LE DÉFI DE LA CHUTE LIBRE

CHAPITRE 1

L'ORIGINE

Au commencement, les oiseaux ont fait leur apparition, ces magnifiques créatures ailées qui continuent à s'amuser en planant et en voltigeant dans le ciel. L'homme, quant à lui, n'a jamais cessé de rêver de voler comme eux. Depuis toujours, il les envie pour leur capacité à se déplacer dans les airs.

Comme vous le savez, de nos jours, nous disposons de différentes options pour nous envoler dans le ciel. Cela est rendu possible grâce à l'inspiration des génies visionnaires qui ont précédé notre temps. On peut les surnommer les « Pionniers du ciel ».

Lorsque nous évoquons le parachutisme, notre esprit se tourne naturellement vers le ciel, l'avion et, bien sûr, le parachute. Mais d'où vient cette pratique ? Ensemble, reculons dans le temps pour découvrir ces téméraires de l'époque. Nous nous tarderons sur quelques-uns de ces personnages qui, jadis, étaient animés par le défi de s'envoler dans les airs.

Armen Firman, issu d'une famille musulmane, naquit en **810**. Précurseur de l'aéronautique, il était à la fois un scientifique, un chimiste, un poète et un philosophe. En 852, il prit la décision audacieuse de se lancer d'une tour à Cordoue, en Espagne. Il utilisa une voile tendue par des haubans en bois pour freiner sa chute, et parvint à atterrir avec de légères blessures.

Armen Firman a marqué de façon permanente son époque, et même les siècles suivants. L'histoire raconte qu'à l'âge de soixante-cinq ans, il confectionna des ailes en bois, qu'il recouvrit d'un habit de soie et orna d'un plumage de rapaces. Imaginez son allure, tel un oiseau emplumé… Vêtu de cet accoutrement bizarre, il s'élança dans les airs pendant une dizaine de minutes, sous les regards terrifiés d'une foule immense, craignant de le voir chuter violemment. Cet exploit se conclut avec un résultat quelque peu décevant, deux jambes fracturées, mais il demeura en vie.

En **1306, des acrobates de Chine** intrépides utilisèrent une forme de parachute pour sauter à partir de hautes tours. Malheureusement, peu de détails existent à ce jour sur ces acrobates chinois.

Léonard de Vinci, cet Italien né en 1452, est connu non seulement pour ses nombreux tableaux, mais aussi en tant qu'artiste, ingénieur, chercheur. Il se démarquait par ses multiples talents, sa vision novatrice et son esprit inventif. De ses inspirations, plusieurs d'entre elles ont vu le jour. Vraiment, ce grand génie vivait en avance sur son temps.

Certains écrits soulignent que Léonard de Vinci symbolisait l'imagination créative du parachute. Cependant, un siècle auparavant, de brillants spécialistes chinois avaient déjà conçu ce principe. Eh oui ! Il est bien possible que cela soit lié à l'histoire des acrobates chinois mentionnée plus haut. Toutefois, nous ne nous attarderons pas sur le débat de savoir qui a été le premier à obtenir la reconnaissance de cette idée. Le concept de cette invention existait depuis très longtemps. Mais, il est certain que Léonard de Vinci incarne l'un des pionniers du parachute d'un point de vue scientifique.

Parmi les cahiers de Léonard de Vinci datés de **1485**, l'un de ses dessins attirait particulièrement l'attention. Il représentait un parachute de forme pyramidale, mesurant 23 pieds (7 mètres) de côté et de hauteur. Ce parachute était constitué d'une toile de lin maintenue par un cadre carré en bois. Une note accompagnait ce croquis : « *Le monde peut sauter d'une hauteur sans danger* ».

L'une de ses grandes inventions fut la machine volante qu'il conçut en **1490**. Mais d'où lui vint l'idée de cette fameuse machine ? Son inspiration provenait de ses études sur le vol des oiseaux, des chauves-souris, ainsi que du comportement des cerfs-volants. Après de nombreuses observations, son esprit d'ingénieur le poussa à dessiner cet engin capable de faire voler l'être humain. Il aurait même testé avec l'un de ses apprentis, qui tristement chuta et se fractura une jambe. Peut-être une autre légende, qui sait ! Je vous laisse explorer davantage en effectuant vos propres recherches.

***

Connaissez-vous l'origine du mot « **parachute** » et son créateur ? En **1783**, c'est **Louis Sébastien Lenormand**, un physicien et inventeur français, qui en est l'auteur. Ce mot est formé du préfixe « para » (signifiant contrer) et du nom français « chute » (désignant l'action de tomber).

Ses premières expériences étaient plutôt cocasses, il faut le souligner. Il s'était accroché à deux parapluies et les avait testés en se lançant à partir d'un arbre. Par la suite, il perfectionna sa création en concevant un parachute en forme de parapluie, doté d'un cadre en bois.

Le 26 décembre 1783, il sauta du haut de la tour de 85 pieds (26 mètres), La Babotte de Montpellier en France. Il atterrit sans ennui devant une foule emballée qui le salua de cris joyeux et lui fit une longue ovation.

L'idée initiale qui l'inspira était de créer une échappatoire en cas d'incendie pour sauver des vies. En installant ces dispositifs aux fenêtres des immeubles, cela offrirait aux personnes un moyen de s'échapper.

Étant donné qu'il a sauté d'une structure fixe, pourrait-on le considérer tel un précurseur du *Base Jump* ? Mais non, ce n'est pas le cas. C'est une autre histoire que je vous dévoilerai dans l'un des prochains chapitres. Cependant, il fut reconnu comme le premier être humain à effectuer une descente en parachute.

Que savons-nous **d'André Jacques Garnerin** ? Ce Parisien, né en **1769**, a été l'élève de Jacques Alexandre César Charles, l'inventeur du ballon à gaz gonflé à l'hydrogène.

André Jacques Garnerin, passionné par le monde de la navigation aérienne, était un aérostier qui s'occupait des ascensions de ballons volants lors des fêtes publiques. En 1793, alors qu'il était militaire et prisonnier des Anglais, il conçut le projet audacieux de s'échapper à l'aide d'un parachute. Par bonheur, il recouvra sa liberté après deux années de captivité.

Le **22 octobre 1797**, depuis un ballon à gaz, il effectua un saut stupéfiant d'une hauteur de 2 296 pieds (700 mètres) au-dessus du parc Monceau à Paris. Cet intrépide, muni de son invention, atterrit en douceur devant une foule anxieuse et terrifiée, redoutant de voir ce téméraire s'écraser au sol. L'assistance était émerveillée par cet exploit peu commun pour l'époque. Mais de quelle façon était fabriqué son parachute ? Composé d'une toile blanche, il se présentait sous la forme d'un parapluie d'un diamètre de 23 pieds (7 mètres).

Le **12 octobre 1799**, Garnerin et son amoureuse, Jeanne Geneviève Labrosse, s'élancèrent dans le vide. Trois ans plus tard, cette dernière déposa le brevet au nom de Garnerin. Selon les archives, André-Jacques Garnerin serait bel et bien le premier parachutiste. Leurs multiples sauts ont grandement suscité l'intérêt pour cet appareil et ont contribué à son évolution, en particulier dans le domaine militaire au début du XXe siècle.

Depuis lors, le parachute de cadres, qui s'ouvre tel un parapluie, a été amélioré avec une confection souple et pliable. Composé d'une toile de soie, il est doté d'un dispositif qui le déploie en le libérant d'un sac.

***

En juin **2000, Adrien Nicholas**, un parachutiste chevronné originaire de Bretagne, réalisa un évènement exceptionnel. Il fut le premier à tester dans les cieux le parachute inspiré par Léonard de Vinci. Cet appareil était conçu avec des **matériaux de la Renaissance**, notamment des poteaux de bois, de la toile et de la corde, respectant les dimensions originales. Cet engin incroyable pesait environ 187 lb (85 kg).

Adrien s'élança d'un ballon à air chaud, à une altitude de 7 000 pieds (3 000 mètres), au-dessus des vastes espaces vierges du Mpumalanga, en Afrique. Son exploit démontra que cette conception pouvait être considérée comme un précurseur du parachute moderne. À l'époque, tous les spécialistes étaient convaincus de son échec imminent. On croyait qu'il tournoierait, oscillerait et basculerait d'un côté à l'autre, mettant ainsi en péril ce téméraire. Mais Adrien prouva que Léonard de Vinci avait raison depuis le début, que cela pouvait voler. Si vous le souhaitez, je vous invite à découvrir cette fascinante histoire de l'essai sur Internet. www.youtube.com/watch?v=f_WZALk3vOE=

Le **26 avril 2008**, à l'aéroport militaire de Payerne, en Suisse, **Olivier ViettiTeppa**, ce parachutiste sportif âgé de 36 ans, réalisa une autre tentative. Passionné par son sport, il entreprit le deuxième saut humain en utilisant un parachute inspiré des conceptions de Léonard de Vinci à la fin du XVe siècle, mais avec une fabrication différente.

Parachute à quatre triangles équilatéraux, mesurant 23 pieds (7 mètres) de côté, fabriqué en toile

À partir d'un hélicoptère en vol stationnaire, Olivier Vietti-Teppa s'élança à 2 133 pieds (650 mètres) d'altitude. Le parachute s'ouvrit à 1 968 pieds (600 mètres). Sa réplique fut réalisée avec des **matériaux modernes**, conforme aux spécifications détaillées du schéma de Léonard de Vinci.

La base de la pyramide fut fabriquée avec un carré de toile de moustiquaire, permettant à la voile de se déployer sans cadre rigide. Cependant, le dispositif présentait des points faibles au niveau de la souplesse et du pilotage. « On descend au gré du vent », comme l'avait prédit ce visionnaire de la Renaissance.

Avant cet évènement, plusieurs tests furent réalisés à l'aide d'une maquette à l'échelle, larguée depuis un hélicoptère télécommandé. Aucun risque n'avait été pris pour cet essai, assurant ainsi la sécurité d'Olivier.

Depuis 1985, Olivier s'envole avec enthousiasme. Il ne représente pas n'importe qui. Olivier détient une passion pour le parachutisme et le *wingsuit*. En tant qu'instructeur-parapentiste, deltiste et plieur de parachutes de secours, il aime tout ce qui vole haut. Un véritable passionné des airs, comme vous pouvez le constater !

CHAPITRE 2

SON ÉVOLUTION

Au début des années **1900**, le parachute avec sac-harnais fit son apparition, se distinguant quelque peu de celui de Garnerin. De forme ronde, il était considéré comme une mesure de secours.

Dans les années 1930 - 1935, le parachutisme devint l'un des sports les plus populaires en URSS. Un effectif de quatre mille parachutistes fut formé, et ce chiffre ne cessa de croître d'année en année.

Durant la Deuxième Guerre mondiale, entre 1944 et 1945, le parachutisme connut un véritable essor. En effet, la première armée aéroportée alliée devint la plus grande formation militaire de l'histoire, effectuant des largages en basse altitude depuis des zones inconnues de l'ennemi.

Au début des années 1980, un nouveau concept fit son apparition. La voilure, autrefois ronde et difficile à manœuvrer, prit la forme d'une aile d'avion.

Aujourd'hui, diverses formes de parachute à aile existent. Les modèles rectangulaires offrent une bonne stabilité et une sécurité en vol, tandis que les voilures semi-elliptiques et elliptiques, avec des bords d'attaque différents, se caractérisent par leur grande vitesse et leur facilité à diriger. Cependant, les sauteurs doivent remplir certaines conditions avant de les utiliser. (Le bord d'attaque désigne la bordure avant de la voile où l'air pénètre dans les ouvertures appelées cellules ou caissons.)

L'équipement du parachute se compose d'un sac-harnais contenant deux voilures : la principale et celle de secours. De nos jours, elles font preuve d'une grande efficacité en vol et lors de l'atterrissage. La venue d'un dispositif de déploiement automatique (DDA) a fortement amélioré les mesures de sécurité. Ce système permet le déploiement automatique de la voile de secours depuis le sac-harnais.

De nouveaux accessoires ont été ajoutés pour renforcer la sécurité dans différentes disciplines. Le *Base Jump*, l'atterrissage de précision, le vol en formation (*crew : canopy relative work*) et le parachute-tandem en sont d'excellents exemples.

Je pourrais toujours vous entretenir sur chacun d'eux, mais je vais me concentrer sur le parachute de réserve. Que peut-on dire à son sujet ? Aujourd'hui, il présente une apparence aérodynamique, souvent similaire au parachute principal. Son déploiement s'effectue en un temps record de deux secondes grâce à un ressort. Il doit être replié tous les 180 jours, une tâche réservée à un expert appelé « gréeur certifié ».

Comme vous pouvez le constater, nous nous retrouvons bien loin de l'époque **d'Armen Firman en 810**.

CHAPITRE 3

SES AVIONS

D'accord, je devrais mentionner qu'avant le parachutisme, l'aviation avait déjà fait son entrée dans le monde aéronautique. Comme on le dit si bien, les deux vont de pair. L'aviation possède une histoire captivante à découvrir. N'ayez crainte ! Je vais me concentrer sur deux points marquants :

- À ses débuts, cet engin à longues ailes portait le nom d'aéroplane. Vers les années **1897**, l'ingénieur Clément Ader le rebaptisa. Il s'inspira du mot latin « avis », qui désigne « oiseau ». Ainsi, le terme « avion » devint populaire.
- Le premier saut réussi à partir d'un avion remonte au 1er mars **1912**. Albert Berry, un officier américain, reçut des éloges pour cet exploit remarquable.

***

En général, ce sport se pratique à partir d'un avion. Lors d'occasions spéciales, on peut aussi opter pour sauter d'un hélicoptère ou d'une montgolfière.

Sous certaines conditions, c'est même envisageable de se lancer du haut d'un édifice, d'un sommet de falaise en haute altitude ou d'une structure fixe comme une antenne.

Cette dernière façon s'appelle le *Base Jump*, acronyme signifiant *buildings, antennas, spans, earth.* Ses adeptes le considèrent comme le sport extrême par excellence. Restez avec moi, car je vais bientôt vous révéler des informations fort intéressantes sur cette discipline.

Les avions utilisés par les centres de parachutisme possèdent chacun leurs propres distinctifs. Le Pilatus PC6, nommé « jeep des airs » en raison de ses ailes élevées, est réputé pour ses courts décollages et atterrissages. Le Cessna-C208, surnommé « le Grand Caravan », est un avion américain pouvant accueillir dix-huit sauteurs en plus du pilote.

Très populaire dans les centres de parachutisme, le Super Twin Otter DHC6-200, muni de deux moteurs, peut transporter jusqu'à vingt-trois occupants à bord.

Le Short SC-7 Skyvan 3-100, un avion de transport bien connu, est très apprécié des sauteurs en raison de sa capacité à recevoir vingt-quatre passagers et de sa grande porte arrière, qui permet des sauts hallucinants. En effet, les sensations de la sortie diffèrent grandement de celles ressenties en sortant par la porte latérale. C'est une expérience exceptionnelle ! Si vous avez la chance de la vivre, vous ne le regretterez pas.

Tous ces avions offrent d'excellentes performances. En un court laps de temps, ils atteignent une altitude de 13 500 pieds (4 115 mètres). Le temps d'ascension dépend de différents facteurs, tels que le poids maximal autorisé, une température de 25 degrés Celsius au sol et une altitude au niveau de la mer. Selon ces critères, le Caravan prend environ 13 à 16 minutes pour atteindre l'altitude de saut. Pour sa part, le Twin Otter met entre 12 à 14 minutes, tandis que le Skyvan, plus lourd, possède un record de montée d'environ 14 à 16 minutes.

Une fois arrivé à la destination à 13 500 pieds (4 115 mètres), un signal d'alerte retentit de la part du pilote : « **Deux minutes** », marquant le début du compte à rebours avant l'ouverture de la porte. Une poussée d'adrénaline se produit chez tous les occupants impatients de sortir ! Ah, ah, ah ! Je m'arrête là, pour le moment. Je ne vous en dis pas plus. La suite vous sera dévoilée plus tard.

CHAPITRE 4

SES DISCIPLINES

Dans ce sport, plusieurs disciplines captivantes s'offrent au parachutiste. Parfois, il doit suivre des formations préalables pour s'y adonner. Voici un aperçu et une brève description de certaines d'entre elles.

Bien sûr, le saut en solitaire est indiqué par le terme « solo ». Lors de la chute libre, le sauteur s'en donne à cœur joie en exécutant des saltos, des tonneaux et bien d'autres acrobaties. Il peut tout simplement profiter de ces précieuses secondes pour savourer les sensations qui lui sont offertes. Ressentir l'air frais et la légèreté du corps, entendre le sifflement du vent, admirer la vue panoramique sur le ciel et la terre…, tout constitue des moments extrêmement agréables à vivre.

Deux parachutistes ou plus peuvent pratiquer le vol relatif (VR). Ils volent sur le ventre et exécutent ensemble une série de figures variées tout en se déplaçant et en maintenant un niveau constant par rapport aux autres sauteurs. Cette discipline exige de la concentration et nécessite un contact visuel entre les participants.

Le *freefly* constitue une technique destinée aux amateurs d'acrobaties. Il s'effectue en chute libre dans les trois dimensions : tête en haut, en bas, dans l'angle. On peut le pratiquer en solo ou en groupe. Le sauteur atteint une vitesse élevée, car son corps a peu de points de contact avec l'air. Cette discipline offre de nouvelles sensations, ajoute une touche excitante à l'expérience du parachutisme. Vive l'acrobate !

Le *wingsuit* consiste à sortir de l'avion pour passer dans un court instant en situation de vol. La combinaison ailée se gonfle d'air, ce qui ralentit la chute et permet au sauteur de voler horizontalement sur une plus longue période. Certains *Base Jumpers* peuvent même l'effectuer depuis une falaise élevée. Ah, ah ! De véritables écureuils volants !

La voile de contact (CREW), également connue sous le nom de formation sous voilure, est déployée dès la sortie de l'avion. Les sauteurs se rallient dans le but de construire des figures en accrochant leurs pieds à la voilure de leur coéquipier. Les observer depuis le sol offre un spectacle coloré et captivant à voir !

** J'ai envie de te présenter une autre discipline, à la fois unique et secrète.

CHAPITRE 5

LE BASE JUMP

Le *Base*, aussi dénommé le *Base Jump* ou *saut extrême*, implique que le sauteur se lance dans le vide en parachute à partir d'un point stable. Ce sport offre une montée d'adrénaline à un niveau très élevé. Cette discipline extrême est unique et très secrète.

Les adeptes de cette discipline se considèrent comme des parachutistes endurcis, passionnés par le goût du risque extrême. Ils doivent accumuler de nombreux sauts en avion, posséder une expérience aérienne et des réflexes de sécurité aiguisés. De plus, ils suivent des formations spécialisées dans ce domaine. Très souvent, la pratique de l'alpinisme fait partie de leurs compétences pour franchir de hautes falaises avant de s'élancer dans les airs.

Le *Base Jump* est-il illégal ? Je vous informe qu'aucune loi n'existe interdisant cette pratique. Surpris ? Les sauts de toutes sortes, y compris ceux depuis un édifice, sont autorisés à condition que le sauteur obtienne simplement un droit *d'accès à la propriété privée.* Il pourrait même installer une grue sur son propre terrain et sauter sans aucun problème.

En France et en Suisse, la législation impose toutefois des limites à cette activité pour garantir la sécurité des sauteurs.

Au Québec, le *Base Jump* est accepté selon certains critères pour l'évènement majeur du Jackalope Montréal. Depuis une dizaine d'années, ce festival des sports d'action au Canada se déroule au stade olympique. Il met à l'honneur diverses activités sportives riches en adrénaline, avec la participation d'athlètes de haut niveau ainsi que d'adeptes du skateboard, de l'escalade de bloc et d'autres disciplines telles que le *Base Jump*.

Lors de ces journées de festivités, avec les conditions et autorisations appropriées, des passionnés de *Base Jump* s'élancent depuis le mât du stade, situé à une hauteur de 540 pieds (165 mètres). Le but consiste à se poser sur une cible d'un diamètre de 20 pieds (6 mètres).

Son autre histoire

En **1980**, Carl Boenish et sa compagne de vie décidèrent de sauter d'une falaise surplombant le Canyon de Chelly, d'une hauteur de 580 pieds (200 mètres). Ils atterrirent tous les deux sains et saufs, les pieds sur terre, dans un état euphorique. Carl venait ainsi de prouver qu'il était possible de sauter depuis un point fixe à une hauteur inférieure à 2 000 pieds (610 mètres). Originaire de l'Arizona, ce parachutiste fut considéré comme le père du *Base Jump* grâce à son développement des équipements modernes et de ses techniques de saut originales.

***

Saviez-vous qu'il se trouve environ 4 500 adeptes de *Base Jump* au monde ? Chaque année, à Fayetteville, en Virginie-Occidentale, une grande manifestation a lieu le troisième samedi d'octobre : le *Bridge Day*. Des passionnés provenant de partout se rassemblent pour s'amuser légalement en sautant depuis le pont qui surplombe la New River Gorge. Ils atterrissent tous en toute sécurité sur les rives.

Il est reconnu comme le deuxième plus haut des États-Unis, atteignant 876 pieds (267 mètres), et il se classe cinquième parmi les ponts les plus longs du monde.

Chaque année, cette activité attire un grand nombre de spectateurs. Lors du Bridge Day de 2022, 140 000 personnes ont admiré les 350 sauteurs venant de 39 états et représentant 4 pays. Un total de 737 sauts furent réalisés.

Le premier **saut canadien en tandem de *Base*** a eu lieu depuis une grue haute de 330 pieds (101 mètres) lors du Jackalope Montréal en 2022, qui s'est tenu au stade olympique.

Que pourrais-je ajouter d'autre ? Je ne vous cacherai pas qu'il y a quelques années, j'ai ressenti l'envie de vivre cette expérience en tandem. À présent, je ne peux pas vous affirmer carrément que je ne le ferai jamais. Il m'est arrivé de dire à mes amis que je ne ferais jamais un saut à l'élastique (*Bungee*), et, croyez-moi, j'ai fini par le faire. Donc, en ce qui concerne un saut *de Base en tandem*, ma réponse pourrait être positive. Après tout, il ne faut jamais dire jamais, n'est-ce pas ?

**Vous vous demandez probablement pourquoi toutes ces activités attirent certaines personnes. Je vous propose donc un petit voyage dans le cerveau humain.

PARTIE 2

LA GRANDE QUESTION

CHAPITRE 6

MAIS POURQUOI ?

Mais que recherchent-ils de plus dans cette activité extrême que simplement l'adrénaline ? Les réponses demeurent nombreuses. La pratique de ce sport engendre une transformation profonde de notre être. Laissons la science nous éclairer à ce sujet.

Le système endocrinien de notre corps, composé de diverses glandes, joue un rôle crucial dans la régulation des substances hormonales. Ces glandes envoient des signaux à notre cerveau et à d'autres organes pour augmenter ou réduire la libération de ces messagers responsables de notre bien-être quotidien. Toute une merveille, disons-le !

Vous avez certainement déjà entendu parler des neurotransmetteurs, aussi dénommés « les hormones du bonheur ». La dopamine, la sérotonine, l'ocytocine, l'endorphine, l'adrénaline et la noradrénaline en font partie. Mais quels sont leurs impacts sur la réaction du corps ?

Une fois libérée, la **dopamine** produit un effet positif. Elle active le centre de récompense de notre cerveau et crée une dépendance totale. Elle nous pousse à poursuivre nos occupations journalières, notre entraînement sportif, dans le but de retrouver cette sensation de bien-être.

Par le nerf optique, la lumière stimule immédiatement la **sérotonine**. Cette substance transmet des messages entre les cellules nerveuses du cerveau et dans tout notre corps. En ce qui concerne nos performances sportives, elle nous apporte une plus grande sérénité et un fort désir d'initiative.

L'**ocytocine** représente la substance hormonale qui favorise le lien affectif, la sécurité émotive et sociale. Elle nous procure un sentiment de mieux-être et réduit notre stress. Elle nous invite à savourer les petits bonheurs de la vie.

N'oublions pas les **endorphines**, ces substances reconnues comme des analgésiques naturels. Saviez-vous qu'elles bloquent la perception de la douleur dans le cerveau et la moelle épinière ? Elles diminuent notre niveau de tension et augmentent notre énergie. En outre, elles peuvent également nous donner un sentiment d'euphorie, une sensation d'intense excitation pendant et après un effort physique.

L'endorphine incarne la véritable excitation de la pratique d'un sport. Elle possède un aspect additif, psychologique, mais très distinct d'une drogue. Elle rend la personne dépendante à cette sensation d'apaisement après l'exécution d'une activité physique. Elle lui offre un état euphorique.

Bien sûr, l'**adrénaline** et la **noradrénaline** se distinguent par leur intensité lors des activités extrêmes. L'adrénaline influence le stress. Lorsque le cerveau détecte une source de tension, elle prépare le corps à faire face au danger et à rester vigilant. La noradrénaline, quant à elle, agit en tant que neurotransmetteur dans le système nerveux central.

Elles se libèrent et déclenchent les réactions typiques de combat ou de fuite. Elles entraînent une augmentation du rythme cardiaque, du taux de sucre dans le sang et de l'apport en oxygène.

Ces hormones produisent aussi des effets directs et durables dans le temps. Elles peuvent vous être bénéfiques dans diverses situations : amélioration du sommeil, facilité de la digestion, réduction des risques de dépression, gestion du stress et du maintien de la santé mentale.

***

Mais comment fonctionnent-elles réellement dans l'organisme ? Lorsque la personne s'engage avec détermination dans une action à haut risque ou en proie à des émotions vives, le cerveau libère certains neuromédiateurs. Les endorphines, la dopamine, la sérotonine ainsi que la fameuse adrénaline génèrent en elle un mélange de perceptions directes.

Ces hormones jouent un rôle essentiel dans les habitudes régulières des athlètes pratiquant des sports extrêmes en raison du sentiment de plaisir et d'euphorie qu'elles procurent. C'est l'une des principales raisons pour lesquelles ces personnes deviennent dépendantes d'activités intenses et de sensations fortes.

Mais quels sont ces sports excitants ? Par bonheur, vous n'avez pas à effectuer un saut en *base jump* du haut d'un immeuble ou d'une haute montagne. Des activités sportives moins risquées existent pour offrir une montée d'adrénaline. Pour certains, cela peut être le ski alpin, la planche à neige ou même un plongeon dans la piscine. Pour d'autres, un saut à l'élastique ou un vol acrobatique en planeur ou en avion peut convenir. La décision vous appartient quant à celle qui vous plaira le plus en fonction de vos désirs et de vos limites.

** Oui, j'admets que ces informations peuvent sembler trop scientifiques. Vous vous en êtes bien sorti. Maintenant, allons voir ce qui se passe dans le corps lors d'un saut.

CHAPITRE 7

LÉANE — SES RÉACTIONS

Je vous laisse imaginer. Prenons l'exemple de cette personne qui se rend au centre de parachutisme pour vivre une expérience hors du commun : exécuter un saut en tandem. Elle s'appelle **Léane**, une jeune fille dans la vingtaine aux cheveux châtains, aux yeux marron, vêtue d'un jeans bleu et d'un t-shirt rose. Elle arrive avec **enthousiasme et une légère fébrilité** à l'idée de vivre son saut, un cadeau offert par ses parents.

Pendant sa brève formation au sol, son corps commence à réagir. Une certaine nervosité s'empare d'elle. Heureusement, sa rencontre avec son instructeur-tandem la réconforte.

Assise dans le bimoteur, les réactions de son être continuent de s'intensifier à mesure que l'oiseau en métal prend de plus en plus d'altitude. Elle se trouve dans un état particulier, un mélange de sensations. Léane a déjà oublié sa vie de terrienne. L'adrénaline la submerge. La crainte se manifeste par des signes visibles : son rythme cardiaque s'accélère, ses mains deviennent moites, ses sourcils se froncent et un léger tremblement de ses genoux trahit sa peur. Toutefois, elle reste ébahie et affiche un large sourire, pleine de joie à l'idée de vivre ces instants.

À une altitude de 13 500 pieds (4 115 mètres), son adrénaline monte en flèche à la suite du cri du pilote : « **Deux minutes** ! ». Le moment tant attendu arrive : l'ouverture de la porte et l'apparition de l'immense ciel, suivi par le départ des parachutistes les uns après les autres. C'est maintenant son tour. Les secondes qui précèdent son saut dans le vide, solidement attachée à son instructeur-tandem, marquent une étape cruciale. Elle a encore la possibilité de tout arrêter…

Finalement, elle franchit la grande porte, passant à la phase suivante. **Ouste… dehors** ! Elle est projetée dans le vide ! Le taux d'adrénaline atteint son apogée. En chute libre, Léane se laisse aller et éprouve un profond sentiment de liberté. Elle sent l'air frais caresser son corps et entend le sifflement du vent. Une fois le parachute ouvert, ses pieds flottant dans le vide, les endorphines commencent à lui donner un état d'euphorie.

De retour sur la terre ferme, ses yeux pétillent et un état de joie déborde en elle. Léane ressent un bonheur intense. Elle veut absolument revivre cette expérience à couper le souffle. C'est le résultat des hormones du bonheur. Ces sensations peuvent perdurer pendant un certain temps, voire plusieurs jours chez certains individus. Elle le répète encore une fois : « Je veux recommencer. »

**

Mais, est-ce la **même chose** que ce que ressent un parachutiste ? Je vous assure que ces hormones se manifestent toujours. Tout se passe de manière assez similaire, avec quelques différences.

Revenons à Léane. Elle a tellement aimé sa première expérience dans le ciel qu'elle a décidé de suivre une formation PAC (Progression Assistée en Chute) pour devenir une parachutiste autonome. Depuis trois étés enchanteurs, elle s'amuse dans les airs et elle atteindra bientôt son 200e saut. Quelle formidable nouvelle, n'est-ce pas ? Mais qu'éprouve-t-elle après toutes ces envolées ?

Chaque fois qu'elle enfile sa combinaison bleu et rose, elle se sent toujours transformée, tout comme lors de ses premiers sauts en tant que parachutiste. Déjà, les mêmes sensations l'envahissent. Elle se métamorphose en oiseau céleste…

L'adrénaline, la sérotonine, les endorphines et la dopamine commencent à se manifester. Sa concentration s'intensifie tout au long des étapes de la préparation du saut : l'embarquement, l'ascension et la sortie. Pendant la montée à 13 500 pieds (4 115 mètres), son corps réagit sous l'influence de ces quatre hormones du bonheur. Elle ressent une hâte extrême à franchir la haute marche et à s'élancer dans le ciel.

Son attention se focalise sur le bon déroulement sécuritaire des différentes phases du saut, ainsi que sur une belle arrivée avec les deux pieds fermement posés sur le plancher des vaches. Une euphorie s'empare d'elle après ce magnifique exploit. Un cri de joie retentit, un « youpi ! »… Elle a déjà envie de remonter pour revivre ces sensations fortes. Une vraie passionnée, cette Léane.

** Oui, c'est l'un des sports les plus populaires pour les montées d'adrénaline, mais aussi pour ses nombreux bienfaits. Êtes-vous curieux de les connaître ? Restez avec moi, je vais vous les faire découvrir.

CHAPITRE 8

SES BIENFAITS GÉNÉRAUX

Le **parachutisme** peut vous paraître une perspective effrayante à tenter. Je vous comprends. Notre cerveau n'est pas habitué à ce type d'activité sportive.

Mais je vous assure que cette réalisation hors du commun en vaut largement le prix. Oser pratiquer ce sport, sauter et s'élancer comme un oiseau procure des bienfaits mentaux, psychologiques et relationnels. Franchir la porte, se lancer dans le vide et vivre la chute libre représente une véritable prouesse.

Cette activité offre une formidable opportunité d'affronter ses plus grandes peurs, de découvrir et de maîtriser l'adrénaline. C'est un excellent moyen d'accroître sa capacité à faire face à ses frayeurs et de renforcer sa confiance en soi. En tant qu'individu, les défis et les obstacles de la vie quotidienne vous apparaîtront plus faciles à surmonter.

La sortie de l'avion
a 13500pieds

CHAPITRE 9

LES CHOIX

Tandem

Cet évènement donne l'audace à la personne de sortir de sa zone de confort et d'affronter sa peur. Cette aventure te permet de ressentir des sensations uniques en chute libre et d'admirer les beautés vues d'en haut. Ce superbe exploit hors de l'ordinaire crée des souvenirs fabuleux, fait du bien au moral et procure une grande fierté.

Les raisons de ce choix varient d'une personne à l'autre. Fréquemment, il s'agit d'un cadeau offert pour une occasion spéciale, comme un anniversaire. Si cela vous arrive, acceptez-le, même si cela vous donne des papillons dans le ventre…

Souvent, cette activité aérienne fait partie des réalisations inscrites sur notre *bucket list* (liste de choses à faire avant de mourir). Un défi extrême, un rêve de jeunesse ou même un pari peuvent être à l'origine de la décision d'effectuer ce grand saut.

Curieux de relever ce défi ? Pourquoi pas ? Imaginez-vous vêtu d'une combinaison colorée et rencontrez l'instructeur avec qui vous ferez votre première expérience du ciel. Il vous expliquera les directives des courtes étapes lors de votre saut.

Accompagnés d'autres parachutistes, vous montez tous les deux dans le « taxi du ciel ». Pendant l'ascension vers les 13 500 pieds (4 115 mètres), vous avez le privilège d'admirer la jolie vue du ciel et de la terre. Vous observez les ailes de l'avion qui effleurent des cumulus, vous ressentez les belles émotions des sauteurs présents. Oh, oh ! Vous entendez le cri de « **Deux mi-nu-tes** ». Bientôt joint à votre instructeur, vous vous retrouverez près de la porte et, d'un mouvement, vous vous précipiterez en chute libre. Je vous laisse imaginer les autres étapes : les précieuses secondes de la chute libre, avec toutes les sensations qui l'accompagnent, la pleine observation sous la voilure et le moment tant attendu de l'atterrissage en extase.

Expérimenter le saut en tandem une fois dans votre vie en vaut vraiment la peine. Vous vous sentirez fier de votre exploit. J'en suis convaincue.

Devenir parachutiste

Mais pourquoi certains individus décident-ils de **s'élancer régulièrement** dans le vide entre ciel et terre à partir d'un avion fonctionnel ? **Qui sont ces personnes et que recherchent-elles ?** Quelles sont **leurs motivations** pour s'amuser dans ce sport extrême ?

Deux choix se présentent. Elles peuvent choisir de le refaire en tandem. Toutefois, la formation pour devenir un parachutiste autonome s'offre aussi à elles.

En général, elles prennent cette décision après avoir effectué un saut en tandem. Elles ont le désir de répéter cet exploit d'une manière différente et de revivre régulièrement des sensations intenses. C'est plus fort qu'elles. La dopamine en est la responsable… Mais pourquoi opteraient-elles pour le deuxième, celle de suivre une formation PAC ?

Accomplir **leur formation** marque le début des multiples défis stimulants que ce sport leur propose. Franchir cette porte ouverte reste toujours un enjeu majeur, même après avoir réalisé un saut en tandem. Elles prennent conscience du moment présent, se concentrant sur chacun de leurs gestes dans les airs. Cette formation leur apprend petit à petit à voler dans le ciel en toute sécurité, sans instructeurs. De saut en saut, un vif intérêt s'installe. Pour elles, un nouveau sport voit le jour. Tout devient une véritable passion.

CHAPITRE 10

SES BIENFAITS PARTICULIERS

Ce sport offre au parachutiste la capacité de maîtriser ses **émotions**. Il lui permet de prendre conscience de sa zone de confort et de vivre une aventure palpitante chaque fois. Le sauteur engage sa mémoire et sa concentration lors des préparatifs du saut et dans sa formation continue. Quoi de plus gratifiant que de relever une multitude de petits et grands défis ?

La **confiance** s'installe, grandit en lui-même. De plus, elle s'établit envers son instructeur, son plieur, son équipement, ainsi qu'à l'égard du pilote et de ses camarades de saut.

Que dire de la **patience** et la **persévérance** ? Ces deux qualités se retrouvent souvent mises à l'épreuve lors de son apprentissage et de sa progression vers ses objectifs.

Une fois les deux pieds posés sur le sol, le sauteur prend le temps de plier son parachute ou de le confier à son plieur. Cette activité requiert une grande minutie. Parfois, elle semble longue pour les plus impatients.

Ah ! Dame nature et ses caprices, elle aime placer son grain de sel dans la patience du sauteur. Avec ses vents violents, ses turbulences, elle crée quelquefois des périodes d'attente qui le font souvent grimacer. Elle lui impose de rester au sol. La sécurité demeure toujours la priorité, donc aucune permission d'envol. *Quel supplice !*

Plusieurs occasions existent pour progresser dans ce sport. Les défis possibles sont nombreux, selon les objectifs du parachutiste. Il peut aspirer à obtenir un nouveau brevet afin d'explorer d'autres disciplines telles que le vol relatif et le *Freefly*. Pourquoi ne pas devenir instructeur ou participer à diverses compétitions locales ou internationales ?

Ce sport invite le parachutiste à **s'impliquer** dans sa progression et à relever ses défis. L'apprentissage se poursuit constamment. Parfois, il se retrouve face à des situations qui présentent un malaise à son amour-propre. Il doit mettre de côté son orgueil et accepter que certaines fois, les choses ne se passent pas comme il le voudrait.

Le parachutisme sollicite certains **muscles** physiques. Chaque mouvement exécuté pendant le saut produit un effet direct sur la position et les déplacements du corps. *Un simple geste de la main peut provoquer un virage de 360 degrés*. Réaliser des actes qui vous stimulent et vous passionnent est bénéfique pour les performances de votre organisme.

La pratique régulière du parachutisme offre l'occasion de mieux apprivoiser le stress. La joie qui envahit après un saut se manifeste par un cri euphorique retentissant.

***

Dans cette partie, les adeptes vous révèlent ce qu'ils aiment et les incitent à s'engager régulièrement dans la pratique de ce sport passionnant qu'est le parachutisme. Voici leurs avis :

– **Décrocher** du travail et du quotidien, faire le vide tout en tombant dans le vide. Vivre en toute conscience ces moments forts passés dans le ciel.

– Faire partie d'une **seconde famille, celle des passionnés du ciel.** J'apprécie la camaraderie, l'esprit d'équipe et le partage de nos belles histoires de sauts.

– Ressentir simplement des **sensations intenses** tout en prenant des **risques mesurés**. J'aime l'excitation au moment de la sortie de l'avion, l'air frais sur mon visage, la vitesse sur mon corps et la vue magnifique que le ciel m'offre.

– Se retrouver dans un environnement sans pesanteur, éprouver une sensation de **liberté**, un bien-être, quoi ! Ces sensations s'avèrent difficiles à décrire. En peu de temps, on devient des adeptes. C'est incroyable !

– Vivre la **chute libre** sous ma belle voilure. J'adore ! Nous aimons tous **l'euphorie** que nous obtenons après un saut. Nous ne désirons que sauter, encore et encore. Ceux qui ne l'ont pas essayé ne peuvent pas comprendre.

– Repousser mes défis et **mes limites**, sortir de ma zone de confort et me sentir vivant. Ce sport m'aide à mieux avancer dans mon quotidien. Quel plaisir !

– M'amuser dans **l'immensité** du ciel. Les pieds au sol, je ne rêve que d'y retourner pour me retrouver seul ou avec des camarades-oiseaux.

– Connaître cette **libération de l'esprit et du corps** qui me fournit une certaine sérénité. J'adore le moment de la montée en avion, la vue aérienne qui me coupe le souffle avec son ciel bleu infini et être au-dessus des beaux nuages. Se retrouver sous la voilure, les pieds dans le vide, me procure une sensation merveilleuse à chaque saut.

– Cette activité extrême m'apporte beaucoup. Le parachutisme représente un sport technique, psychologique et sécuritaire. Il m'aide à contrôler mes émotions, à avoir confiance en moi et à me surpasser. Il me donne le sentiment de faire partie d'une communauté formidable. Une belle thérapie ! Il a changé ma vie à bien des égards.

***

En ce qui me concerne, je rêvais depuis mon enfance de m'envoler dans le ciel, et c'est une activité que je voulais réaliser dans ma cinquantaine. Après mon premier saut en tandem, un imprévu s'est produit. À seulement cinq semaines d'intervalle, j'ai décidé d'en faire un deuxième. Mais qu'est-ce qui m'a pris ? Peut-être avais-je contracté un virus dans les airs ? Je suppose que la dopamine continuait à agir dans mon organisme.

Je peux lire dans tes pensées : c'est cinglé tout ça ! Ce n'est pas rare que les gens qui pratiquent ce sport soient perçus comme un peu dérangés. Beaucoup d'entre nous affirment que cette activité folle, c'est bien celle qui nous garde sains d'esprit. Oui, le ciel donne des ailes à tous ces cinglés.

** Je remarque que vous poursuivez votre lecture. Je suis consciente que des questions subsistent encore en vous. Soyez assuré que les réponses que vous cherchez se trouvent dans la partie suivante.

PARTIE 3

DIVERS

CHAPITRE 11

RÉPONSES À VOS QUESTIONS

– Oh ! Pas question, j'ai **le vertige**. J'ai une excellente nouvelle pour vous. Il n'existe pas en avion ni pendant le saut. Mais pourquoi donc ? La raison est simplement due par l'absence de contact avec le sol. Intéressant !

Mais, d'où provient cette perception d'instabilité ? Cette sensation de vertige peut survenir lorsque les informations visuelles reçues de l'environnement diffèrent de celles perçues par l'oreille interne.

Prenons un exemple : lorsque vous vous tenez sur une marche d'escabeau, vos pieds signalent à votre cerveau que vous vous situez sur la terre ferme. Cependant, vos yeux fixés droit devant vous décèlent que vous vous trouvez dans le vide.

Le vertige disparaît lorsque vos pieds prennent place dans le vide ou sur un appui sans contact avec le sol, comme lors d'un vol en avion.

Parlons un instant de l'**acrophobie**. Il s'agit d'une phobie qui se caractérise par la peur du vide. Elle se manifeste simplement à la pensée de se retrouver en hauteur, même avec les deux pieds fermement ancrés au sol. La source de cette phobie est souvent liée à un traumatisme d'enfance.

La crainte du vide complique la vie des personnes qui en souffrent. Elles se privent d'effectuer des tournées en altitude, de s'adonner au ski ou même de changer une ampoule. Elles évitent des activités agréables, comme passer du bon temps entre amis sur un balcon.

Selon les spécialistes, les individus qui éprouvent une véritable terreur des hauteurs peuvent surmonter cette peur. Le principe consiste à faire face à sa crainte, de la confronter peu à peu en imaginant le vide, en s'approchant d'une fenêtre ou d'un balcon situé sur un étage élevé. Parfois, il est nécessaire d'être accompagné d'un thérapeute qualifié pour y parvenir.

– La **sécurité**, comment se présente-t-elle ? Elle demeure toujours la priorité. L'instructeur-tandem détient à son actif le nombre de sauts requis, les formations exigées et un équipement de pointe.

– À partir de **quel âge** peut-on sauter ? Au Québec, l'âge minimum pour réaliser un saut en tandem se situe à 14 ans, sous certaines conditions. Les deux parents ou les tuteurs légaux doivent remplir et signer une décharge de responsabilité pour le mineur. Parfois, certains centres de parachutisme acceptent les jeunes de 12 à 14 ans, selon leur maturité et les conditions physiques décrites ci-dessous.

Pour ceux de 14 et 15 ans, la présence sur place d'un des deux parents ou tuteurs est exigée au moment du saut. D'autres critères, tels qu'un poids minimum de 80 lb (36,3 kg) et une taille de 4′ 5″ (1,38 m), sont requis. Ces conditions peuvent varier d'un centre à l'autre.

Il n'y a pas de limite d'âge maximale réelle. En 2022, une grand-mère suédoise de 103 ans a établi le record mondial de la personne la plus âgée à réaliser un saut en tandem. Elle a déclaré : « *C'était merveilleux de vivre cela, j'y pensais depuis longtemps. Tout s'est déroulé comme prévu.* »

– Un **handicap** physique ? Certains centres disposent d'un équipement adapté pour offrir cette fabuleuse expérience, un saut en tandem, aux personnes handicapées. Le responsable de la sécurité prend la décision selon les services offerts par le centre et la condition physique de l'individu.

– Un problème de **poids** ? La limite maximale varie de 235 à 250 livres (113 kg) pour le client. Ce critère possède son importance. Les raisons sont nombreuses. La pesanteur totale des passagers doit respecter la capacité de vol de l'avion. Le responsable à la réception du centre doit s'assurer de vous présenter un instructeur-tandem idéal en fonction de votre physique pour effectuer le saut en toute sécurité. Il est également crucial de tenir compte de la capacité de la voile du parachute à supporter le poids de l'instructeur et son client.

– Oui, c'est bien, mais ça **coûte un prix de fou**. Je vais te dévoiler quelques petits secrets à ce sujet. Le prix d'un saut en tandem peut varier d'un centre de parachutisme à l'autre.

Un saut effectué en semaine possède un coût moindre que celui réalisé la fin de semaine. Si tu te joins à un groupe de personnes pour réserver un saut ensemble, souvent de bons rabais seront accordés pour vous tous. C'est plutôt intéressant, n'est-ce pas…

De plus, les centres donnent des réductions à certains moments de l'année. Surveillez-les, car elles sont généralement offertes en décembre et à diverses occasions comme la fête des Mères et des Pères. C'est un cadeau formidable à offrir.

Ce n'est pas tout, car différentes hauteurs de sortie peuvent être proposées. Oui, cela diminuera le coût, mais on doit être conscient que la durée de la chute libre sera aussi réduite, ce qui diminuera les plaisirs de cette expérience. Songez-y bien…

Les centres de parachutisme fixent leur propre altitude maximale en respectant les normes établies par le ministère des Transports, l'autorité en matière de trafic aérien.

Voici un aperçu des diverses hauteurs de sortie et des durées de chute libre proposées au Québec pour les sauts en tandem. Elles varient légèrement d'un endroit à l'autre.

- 13 500 pieds (4 115 mètres) : 50 à 55 secondes de chute libre

- 9 000 pieds (2 743 mètres) : 5 à 20 secondes de chute libre

Sous la voile, vous pourrez profiter de 4 à 6 min environ (en fonction de l'activité sous voilure et du poids des personnes). La vitesse moyenne en chute libre atteint les 200 km/h. Pour vivre pleinement cette expérience, je vous conseille vivement de choisir une sortie à 13 000 pieds et plus. Connaître les vives sensations de la chute libre représente un merveilleux moment. Et que dire de la montée en altitude de l'avion ? Admirer le spectacle féerique qui se déroule sous nos yeux avec cette vue magnifique du ciel et les ailes de l'oiseau métallique qui chatouillent les nuages. J'ai toujours aimé vivre ces beaux petits moments lors de l'ascension de l'avion.

– Est-ce qu'on pratique le parachutisme en hiver au Québec ? La saison de parachutisme commence à la fin d'avril, lorsque la température et les terrains le permettent. Habituellement, elle se termine à la mi-octobre. Sauter durant la période automnale donne l'occasion de profiter d'un magnifique panorama aux couleurs variées.

***

– Mais combien coûte un saut pour une personne ayant terminé sa formation pour voler seule ? Paie-t-elle le même prix qu'un saut exécuté en tandem ? Ce sont des questions intéressantes. La réponse risque de vous surprendre.

Après avoir complété la formation PAC et obtenu le brevet Solo, le nouveau parachutiste peut louer son équipement pour 75 $. Plus tard, il pourrait désirer se procurer son propre parachute. Cet achat représenterait un excellent investissement, car il conserve sa valeur. De plus, le tarif du saut sera moindre, soit d'une somme de 40 $. Les coûts peuvent varier d'un endroit à l'autre. Ces prix correspondent à ceux établis en 2022.

– Oui, mais combien coûte un parachute ? Ah, ah ! La question qui tue. Je ne peux pas vous donner un prix précis, car divers points influencent le coût. Inclut-il harnais et voilure, ou bien juste la voilure ? La grandeur et les performances de cette dernière doivent convenir parfaitement au sauteur et à son niveau d'expérience. Certains critères guident l'acheteur dans le choix entre l'état neuf ou d'occasion. C'est comme on choisit entre une auto toute neuve ou d'occasion en fonction de son kilométrage, de la puissance du moteur, de son état, etc. Au début de ce sport, c'est préférable d'attendre avant d'acheter son propre parachute, car la taille de la voilure diminuera avec l'expérience du parachutiste.

** Après cette lecture, il est probable que d'autres questions vous viennent en tête. Je vous conseille de contacter le Centre de parachutisme de votre région, qui se fera un plaisir de vous répondre.

ÉPILOGUE

Le parachutisme, le défi de la chute libre

Depuis toujours, l'homme a nourri le rêve de voler. Ah ! Ces pionniers du ciel. De leurs inventions ont émergé les parachutes et les avions. Tous se sont perfectionnés.

Le parachutisme, avec ses diverses disciplines, offre de nombreux bienfaits, des sensations extraordinaires et des aventures palpitantes dans le ciel. Que dire de plus ! Oser franchir la porte de l'avion en haute altitude, se lancer dans le vide et vivre les secondes de la chute libre représente un exploit incroyable. Le parachutisme, un sport qui donne des ailes.

***

PETIT MOT DE L'AUTEURE

Jeune adolescente, les livres étaient mes meilleurs amis. Le goût de l'écriture s'est peu à peu installé en moi. Écrire, c'est raconter des histoires, informer et divertir. Lors de la rédaction de mes écrits, ma priorité est d'amener le lecteur ailleurs à travers mes mots.

Autre livre : **Le ciel m'a donné des ailes** — À cinquante-deux ans, ne suis-je pas trop âgée pour commencer le parachutisme ? Mais quels seront les petits et grands défis, sans oublier les obstacles inconnus qui risquent d'être présents en cours de route ? **Venez le découvrir**.

ISBN — 978-2-9819579-0-0

ISBN-10 : 2 981 957 902

ISBN-13 : 978-2981957900

INVITATION

* J'espère sincèrement que cette lecture vous a plu et qu'elle vous a permis d'en apprendre davantage sur ce beau sport, **le parachutisme**. Peut-être qu'elle vous a donné le goût d'oser un nouveau défi, un saut en tandem. Qui sait ce que l'avenir vous réserve ?

* Je vous invite à **laisser votre avis de votre lecture sur Amazon** https://a.co/d/j0ZZU8c

*Des questions… Écrivez-moi à :
ciel20@hotmail.ca

* https://www.facebook.com/NormandeMercier53

*Vidéos : https://www.youtube.com/results?search_query=oiseaubleu20

* Lien Amazon : https://a.co/d/j0ZZU8c

***

BIBLIOGRAPHIE

. futura-sciences.com

. artillerie.asso.fr

. britannia.com

. droopzone.com

. Dictionnaire Larousse médical

. foodspring.fr

. jhroy.ca

. leonardo-da-vinci.net

. fr-academic.com

. echno-science.net

. delhomme.com

. metric conversion.org

. sportfoot-center.com

. officialbridgeday.co

www.ingramcontent.com/pod-product-compliance
Ingram Content Group UK Ltd.
Pitfield, Milton Keynes, MK11 3LW, UK
UKHW021826270726
14058UKWH00001B/8

9 782981 957917